KAHLIL GIBRAN

CARTAS DE AMOR
DEL PROFETA

Adaptación de
PAULO COELHO

Diseño de cubierta: Mario Blanco
Diseño de interiores: Alejandro Ulloa
Traducción del portugués: Marcelo Canossa

© 1998, Kahlil Gibran

Derechos exclusivos de edición en castellano
reservados para todo el mundo:
© 1998, Editorial Planeta Argentina S.A.I.C.
Independencia 1668, 1100 Buenos Aires
Grupo Editorial Planeta

Planeta Colombiana Editorial, S.A.
Calle 21 No. 69-61, Santafé de Bogotá, D. C. - Colombia

ISBN: 950-742-973-5

Primera reimpresión (Colombia): noviembre de 1998
Segunda reimpresión (Colombia): enero de 1999

Impresión y encuadernación: Quebecor Impreandes

Impreso en Colombia - Printed in Colombia

Ninguna parte de esta publicación, incluido el diseño de la cubierta, puede ser reproducida, almacenada o transmitida de manera alguna ni por ningún medio, ya sea eléctrico, químico, mecánico, óptico, de grabación o de fotocopia, sin permiso previo del editor.

PREFACIO

La primera vez que leí *El Profeta* fue durante los años sesenta; usé un trecho del libro —que habla de los hijos— para intentar explicarle a mis padres quién era yo. En esa época yo pensaba: "Gibran es un revolucionario".

La segunda vez que leí *El Profeta* fue durante los años ochenta; deseaba volver a recordar la simplicidad y el vigor con que el libro había sido escrito. En esa época yo pensaba: "Gibran es un sabio".

La tercera vez que leí *El Profeta* fue durante los años noventa. Ahora yo ya tenía algunos libros publicados, y entendía que no siempre el espíritu revolucionario y las palabras sabias revelan el complejo mundo del alma de un escritor. Entonces pensaba: "¿Quién es Gibran?".

No bastó la simple lectura de *El Profeta*, pero yo estaba decidido a responder a esta pregunta. Releí algunas de sus obras, leí dos biografías, hasta que una amiga libanesa, Soula Saad, me hizo descubrir sus cartas, hoy editadas en varios libros y en diferentes formatos.

Un hombre revela su alma cuando ama, y en la correspondencia con Mary Haskell encontré el mundo interior de Kahlil Gibran. Empecé a marcar algunas frases y a copiar en un archivo de mi computadora aquello que creía que era su esencia. Un día, durante una conversación con mi mujer (en verdad fue una discusión, y le doy gracias a Dios que aún discutamos mucho, aunque estemos casados hace dieciocho años), no logré explicar determinado asunto; entonces le pedí que fuera hasta la computadora y leyera determinada carta de Gibran que tal vez lograría demostrar mejor lo que estaba queriendo decir.

Ella no sólo leyó la carta en cuestión, sino todo el resto del archivo. Nació, en ese momento, el deseo de editar un libró más sobre la relación de Gibran con Haskell.

Algunos detalles históricos: Gibran nació en 1883, en la aldea Bsherri, en el actual Líbano. A la edad de once años emigró a los Estados Unidos junto con su madre y algunos hermanos, entre ellos Mary Gibran.

La mayor parte de su vida adulta se la dedicó a la pintura, pero, como el destino es irónico, terminó por ser conocido mundialmente a causa de sus libros. Cuando murió, estaba viviendo con Barbara Young, quien más tarde iría a escribir una biografía suya.

Mary Haskell tenía más edad que Gibran; nació en 1873, en los Estados Unidos. A la edad de 30 años, se mudó a Boston y pasó a encargarse de la escuela que había fundado su hermana. Murió el 9 de octubre de 1964, habiendo podido ser testigo del éxito mundial de aquel que un día ella llamó "mi amado".

La correspondencia casi fue destruida días después de la muerte de Gibran; Barbara Young no quería que Mary se llevase a su casa las centenares de cartas, escritas durante más de 20 años de relación, guardadas en una gran caja de cartón, en el estudio del escritor.

Mary insistió. Barbara terminó aceptando, pero antes le hizo jurar a Mary Haskell que iría a quemar todo luego de releer la correspondencia.

Mary no cumplió la promesa; las más de seiscientas cartas están hoy en la Universidad de Carolina del Sur, y pueden ser consultadas por especialistas y estudiosos.

Una parte muy pequeña de esta correspondencia está ahora en sus manos. Para condensar una idea, yo adapté libremente su texto; traté de ser fiel al pensamiento de Gibran, y no a sus literales palabras.

"¿Quién es Gibran?", me preguntaba a mí mismo. Al copiar trechos de sus cartas en mi computadora, pienso que acabé por descubrirlo.

Gibran no era ni un revolucionario ni un sabio. Era un hombre, como todos nosotros, y traía en su alma los mismos dolores y alegrías que traemos nosotros; sin embargo, a través de sus libros fue capaz de manifestar la grandeza de Dios.

Pienso que, en el fondo, sabía que un día toda su correspondencia confidencial iba a ser publicada, y quiso mostrarse por entero, sin mistificar su papel de escritor.

Con esto, nos dio un buen ejemplo; todos nosotros podemos aspirar a lo que él logró, porque seguimos —a nuestra manera— el difícil y bello Camino de las Personas Comunes.

CARTAS DE AMOR
DEL PROFETA

DEDICATORIA

Fui tocado por tu presencia desde la primera vez que te vi; fue en una exposición de mis dibujos, en el estudio del Sr. Day. Estabas usando algo de plata alrededor del cuello, y te acercaste a mí, preguntando: "¿Podría exhibir algunos de estos cuadros en la escuela donde enseño?".

Acepté; y a medida que conversábamos, me sentía cada vez mejor. Cuando fui a tu casa por primera vez, sentí que la atmósfera del lugar —los libros, la manera de arreglar la casa— tenía una profunda identificación conmigo. Me gustó el estilo de nuestra conversación, y la manera suave con la que me hiciste hablar de mí mismo.

Hiciste muchas preguntas, y en algunos momentos me sentí un poco avergonzado; pero, gracias a tu espíritu e inteligencia, terminé por contarte todo lo que querías saber.

A las otras personas les parezco interesante. Les gusta oírme hablar porque soy una persona diferente. Para ellas no soy más que un divertimento, que van a olvidar cuando aparezca algo más curioso. Fuiste, sin embargo, capaz de extraer lo profundo que había en mí, sentimientos que muy raramente compartí con alguien. Eso fue maravilloso, y sigue siéndolo.

Nos hicimos amigos. Y un día me preguntaste si yo necesitaba dinero para ir a París. Hasta ese momento, siempre me había negado a aceptar ese tipo de ayuda, pero me dijiste algo sobre el dinero que nunca voy a olvidar: que es impersonal, que no pertenece a nadie, que tan solo pasa por nuestras manos. El dinero no es una posesión sino una responsabilidad, y nosotros debemos darle el destino correcto.

Me fui a París, teniendo siempre a mi lado tu imagen, tu fe, y tu ternura. Allá me di cuenta de que no sólo estaba viendo la ciudad sino que también me estaba estudiando a mí mismo, y pude comprobar cómo nuestra relación empezaba a afectar mi vida cotidiana. Aunque estuvieras distante, tu presencia me acompañaba por calles, plazas y cafés. Cuando regresé, volví a encontrar a la misma dulce criatura que había conocido.

Entonces te pedí casamiento. A partir de ese día, comenzaste a herirme.

Y continuaste hiriéndome. Yo sufría, pero cada vez que nos encontrábamos —en esa época nos veíamos dos veces por semana— me decías: "Kahlil, creo que el miércoles pasado te herí", o el viernes, o cuando sea que hubiese sido. "Perdón", decías. "No era mi intención hacerlo."

En ese instante te volvías la criatura más dulce del mundo, y yo pensaba para mí mismo: "Esta es la Mary que yo amo". Sin embargo, antes de que el encuentro terminara, de tu boca volvía a salir algo brutal.

Nada de lo que yo pudiera decir o hacer era capaz de impedirlo; la agresión venía, y casi me mataba.

Volvía a casa, y pensaba: "Si yo acepto el sol, el calor y el arco iris, también tengo que aceptar el trueno, la tempestad y el rayo". Yo intentaba, pero sentía que algunas cosas importantes se estaban muriendo dentro de mí.

Una noche —cuando volvíamos de Gonfarone— me dijiste que el hecho de habermelo dado dinero para el viaje había generado una gran distancia entre nosotros. Cuando llegué a casa, decidí devolverte aquel dinero. Pedí prestado, y me fui hasta tu casa para entregártelo, pero te habías ido de viaje a Boston. Al volver a mi habitación, me esperaba una linda carta tuya; y nuevamente me olvidé de las palabras agresivas.

Nos esperaba otro problema. Cuando conversábamos juntos en tu apartamento, llegó tu hermano. Noté que no le había gustado mi presencia, y empecé a sentirme incómodo. Dos días después, todavía estabas triste por aquel encuentro, y yo presentí que tu hermano me consideraba otro extranjero más sin escrúpulos, interesado en sacar ventajas materiales y sociales de este tipo de relación.

Esto casi me destruyó. A pesar de todo, nos volvimos a encontrar, y tu encanto de nuevo logró convencerme de que el desagradable episodio con tu hermano sólo había sido un mal sueño. Pero algo había cambiado en mi corazón, ya que mi alma no podía estar siempre resistiendo las heridas constantes. Yo necesitaba protegerme, y empecé a decirme a mí mismo: "Es imposible una relación más íntima con esta mujer".

Claro que esta estrategia no resultó, ni aun cuando te dije lo que estaba ocurriendo conmigo. Pero a partir de aquel instante nunca más me heriste.

Todo lo que estoy contando es sólo para que sepas cómo vi nuestros primeros años juntos. Las cosas más profundas jamás cambiaron; la identificación que tuve, el reconocimiento, la pasión del primer encuentro, todo eso continúa igual, y continuará así para siempre. Yo te amaré para toda la eternidad, como te amaba mucho antes de verte por primera vez, y a esto yo llamo Destino.

Nada nos puede alejar; ninguno de los dos podrá cambiar esta relación. Yo quiero que por el resto de tus días recuerdes que fuiste y serás la persona más importante de mi mundo. Que aunque te cases siete veces, con siete hombres diferentes, en mi corazón todo continuará igual.

Y hoy, también entiendo que nuestro casamiento era imposible. Nos habría destruido a ambos. Nuestra vida en común terminó siendo guiada de una manera diferente, y por eso nos salvamos. Me ayudaste a descubrirme a mí mismo, y a mi trabajo. Pienso que yo hice lo mismo, y le agradezco a los Cielos el que estemos juntos.

Kahlil Gibran

"Bienaventurados vosotros que ahora tenéis hambre, porque seréis saciados. Bienaventurados vosotros que ahora lloráis, porque habréis de reír."

LUCAS, 6: 21-22

KAHLIL GIBRAN

CARTAS DE AMOR
DEL PROFETA

*Correspondencia de
1908 a 1924
entre Kahlil Gibran
y Mary Haskell*

ADAPTADAS LIBREMENTE POR
PAULO COELHO

23 DE JUNIO DE 1909

Acabo de perder a mi padre, mi amada Mary; murió en la misma casa vieja en donde nació, hace 65 años. Sus amigos me escribieron contándome que él me bendijo antes de cerrar los ojos para siempre.

Estoy seguro de que mi padre descansa en el seno de Dios; aun así, no logro evitar la tristeza y el dolor de su ausencia. Siento la mano de la Muerte sobre mi frente, y pienso en mi madre, en mi hermana más joven, y en mi hermano: ninguno de ellos está más aquí para sonreír con la luz del sol. ¿Dónde estarán? ¿Se volverán a encontrar en este sitio desconocido hacia donde fueron? ¿Serán capaces —como somos nosotros— de recordar el pasado?

Son preguntas tontas; sé muy bien que están vivos en algún lugar del cielo, más cerca de Dios de lo que estamos nosotros. Los siete velos —que separan al hombre de la Sabiduría— ya no cubren más sus ojos, y mis seres queridos ya no juegan más a las escondidas con la Verdad y la Luz. Pero, aun así, sufro y siento nostalgias.

Aunque estés del otro lado de este mundo, conociendo Hawai, te siento como mi único consuelo. Tus días son las noches aquí en París. A pesar de eso, cuando camino estás cerca, cuando trabajo me estás hablando y, cuando me siento a comer solo, tu presencia surge a mi lado. Hay momentos en que sé que no existe la distancia entre aquellos que se aman.

31 DE OCTUBRE DE 1911

Mary, mi amada Mary, he trabajado el día entero, pero no podía ir a la cama sin antes decirte *"buenas noches"*. Tu carta más reciente es fuego puro, un corcel alado que me lleva hacia una isla donde sólo logro escuchar músicas extrañas, pero que un día comprenderé.

Los días han transcurrido llenos de estas imágenes, voces y sombras, y hay fuego también en mi corazón, en mis manos. Preciso transformar toda esta energía en algo que nos haga bien a los dos, y a las personas que nosotros queremos.

¿Sabrás qué significa quemarse, arder en un inmenso brasero, sabiendo que este incendio está transformando en cenizas todo lo malo, y dejando en el alma sólo lo que es verdadero?

¡Oh, no existe cosa más bendita que este Fuego!

10 DE NOVIEMBRE DE 1911

Hay una vieja canción árabe que comienza así: *"Sólo Dios y yo podemos saber lo que ocurre en mi corazón"*. Hoy, después de leer todo lo que me has escrito, yo podría agregar: *"Sólo Dios, yo y Mary podemos saber lo que ocurre en mi corazón"*.

Me gustaría abrirme el pecho, sacarlo de allí, y cargarlo en mis manos, para que todos pudieran verlo. Porque no hay deseo mayor en un hombre que revelarse a sí mismo, ser comprendido por su prójimo; todos nosotros queremos que la luz que colocamos atrás de la puerta esté puesta en el medio de la sala, a la vista de todos.

El primer poeta de este mundo debe de haber sufrido mucho, cuando dejó de lado su arco y su flecha e intentó explicarles a sus amigos lo que había sentido frente a una puesta de sol. Es muy posible que estos amigos hayan hecho algún comentario irónico a lo que decía, pero él igual siguió adelante, porque el verdadero Arte exige que el artista trate de mostrarse. Nadie puede convivir solo con la belleza que es capaz de percibir.

Y en cuanto a nosotros dos, que buscamos lo Absoluto, y que construimos un jardín usando nuestra propia soledad, la Vida nos dejó la inmensa pasión para aprovechar cada instante, con toda intensidad.

26 DE NOVIEMBRE DE 1911

¡Mi amada Mary, éste será un verdadero Día de Acción de Gracias, porque estás viniendo a casa! Pensé en invitarte, pero tuve miedo de escuchar un *no*, y le pedí a Charlotte que lo hiciera por mí. Ella me dijo que estuviste de acuerdo en participar.

Es así que todo lo que he estado haciendo en estos días es poner mi casa en orden. Estoy ordenando los muebles, pero también limpio las cosas antiguas de mi corazón y de mis pensamientos, liberándolos de viejas sombras que no deben estar más allí.

Tal vez haya sido beneficiosa la separación que nos vimos obligados a aceptar durante estos días; a las cosas muy grandes sólo se las puede ver a la distancia.

7 DE FEBRERO DE 1912

Mi corazón hoy está sereno, y las angustias de siempre fueron reemplazadas por la calma y la alegría; de noche, en un sueño, vi a Jesús. El mismo rostro generoso, los grandes ojos negros que parecían quemar a quien los miraba de frente, los pies sucios de polvo, las sandalias usadas. Y la presencia fuerte de su espíritu, dominando todo con la paz de aquellos que saben ver bien la Vida.

Oh, querida Mary, ¿por qué no logro soñar con Jesús todas las noches? ¿Por qué no podré mirar mi vida con la mitad de la calma que El era capaz de transmitirme durante el sueño? ¿Por qué no logro encontrar a nadie en esta Tierra que pueda ser tan simple y tan afectuoso como El?

10 DE MARZO DE 1912

Mary, mi adorada Mary —en nombre de Dios—, ¿es increíble que pienses que me estás dando más sufrimientos que alegrías? ¿Qué te hizo pensar de esa manera?

Nadie sabe demasiado bien cuál es la frontera entre el dolor y el placer; muchas veces pienso que es imposible separarlos.

Mary, es tanta la alegría que me das que ésta llega a doler, y es tanto el dolor causado, que llego a sonreír.

25 DE DICIEMBRE DE 1912

No puedo planear mis horas de sueño, de trabajo o de ejercicio, Mary. Siempre oímos decir que todos son capaces de despertar, de tomar té y de ir a la cama en un determinado horario, todos los días, enorgulleciéndose de esa disciplina.

Para mí, esa gente sólo vive el Mismo Día, siempre.

Yo tengo que dejar que ocurran las cosas que tienen que ocurrir, para lo cual es necesario estar abierto a lo inesperado. Yo soy diferente cada día que pasa y, cuando tenga ochenta años, espero experimentar todavía cambios internos y externos. Si llego a esta edad, no me voy a quedar pensando en las cosas que hice, porque quiero usar cada porción de vida que me quede.

No puedo planear nada importante, solamente pequeñas cosas. Quien planea lo que es importante, todo lo transforma en pequeñas cosas.

30 DE OCTUBRE DE 1913

¿Por qué intentar explicarme todo? Mi corazón puede entender más allá de tus palabras de amor. Quizás no confíes en mi comprensión...

Y, por favor, *por favor*, no pienses que es tan fácil herir con facilidad a quien ama. Una navaja de acero puede cortar mi carne, pero nunca una navaja de cera. Las palabras y los gestos duros lo único que harán es que yo tenga más cuidado al expresarte mis sentimientos.

Todo lo superficial que hay en nuestras peleas acabará desapareciendo por sí mismo. Por lo tanto, es necesario que comprendas esto: ¡Kahlil no está hecho de crema chantilly!

Sólo una mitad mía está aquí en Boston; desearía tomarme un tren a Nueva York, y verte con mis propios ojos. No precisarías hablarme, ni siquiera sonreír; estar a tu lado me hace sentir un hombre completo.

5 DE ABRIL DE 1914

He permanecido mucho tiempo en silencio, mi adorada Mary. Trabajo, duermo mucho, y siento que tanto el trabajo como el sueño me quitan las ganas de conversar.

A medida que pasan los años, Mary, se revela con más fuerza el ermitaño que habita en mí. La vida es la visión del Infinito, de todas las posibilidades y realizaciones que puede traer el amor. Sin embargo, las personas parecen tan pequeñas frente a esta simple verdad, y eso me aleja de ellas.

La vida es generosa, y el hombre es mezquino. Parece que existe un abismo entre la vida y el ser humano, y —para atravesar este abismo— es necesario tener el coraje de tocar la propia alma, y cambiarla de dirección. ¿Valdrá la pena?

Aquí en Nueva York sólo encontré personas *norma-*

les, educadas, gentiles. Fluctúan entre el cielo y el infierno, entre el Todo y la Nada; pero parecen no darse cuenta de eso, y viven comportándose bien y sonriendo al encontrar a alguien.

26 DE ABRIL DE 1914

Siempre me dio vergüenza aceptar tu dinero. Siempre me pregunté si era correcto dejar que eso ocurriera. Muchas veces deseé partir, y dejarte para siempre, y en ese momento pensaba: "¡Ella ya me dio tanto! Pensará que soy un hombre ingrato". El hecho de tener que depender de tu caridad era, para mí, una maldición y una tortura.

Me dabas con alegría, y yo aceptaba con tristeza. Ahora, sin embargo, prometo no actuar así nunca más; si me das, está bien. Si me das y debo devolvértelo, también está bien.

Me da miedo aceptar regalos. Los regalos nos hacen sentir culpables, y nos hacen sufrir, pensando que se nos pedirá algo a cambio. Sólo ahora puedo entender que este dinero significaba hasta qué punto tenías fe en mi trabajo, y en el hombre que soy.

Pero, más que el dinero, me diste literalmente el don de la vida. Yo no podría haber vivido sin esta pasión, sin este amor; cuánta gente muere todos los días porque no encuentra a una persona que la ame.

3 DE MAYO DE 1914

Las bendiciones del domingo que pasamos juntos todavía permanecen en mi alma. Ya reviví miles de veces las horas en las que estuvimos lado a lado; repetí sin parar las palabras que me decías, y —cada vez que lo hacía— parecía que las entendía mejor.

Cuando oigo tu voz, vuelven a aparecer la dulzura y la realidad de la vida. Cada vez que abro la boca para responderte, me siento extrañamente lúcido y confiado.

Tu persona tiene la facultad de hacerme colocar mi mano en la parte más brillante y luminosa de mí mismo.

24 DE MAYO DE 1914

Imaginemos, Mary, que estamos caminando por un bello campo, un día lindo, cálido, y —de repente—, en medio del paseo, nos sorprende una tempestad.

¡Qué maravilla sería! ¿Existe una emoción mayor que ver que los elementos generan fuerza y energía, a través del movimiento de los cielos? Dejemos atrás las cuatro paredes de nuestros cuartos, Mary. Vamos a andar por lugares insólitos, y conversar un poco. Yo sólo puedo entenderme a mí mismo cuando llego a comentártelo. Ya te lo dije antes, y te lo repetiré siempre.

20 DE JUNIO DE 1914

Quiero mostrarte la cosa más importante que jamás pinté en mi vida, Mary: un retrato de mi madre —hecho de memoria.

Es un retrato de su alma, sin trucos estéticos o técnicos. Ella se manifestó exactamente de la forma como yo deseaba que se manifestara. Su alma está allí, en su sencilla majestad.

Sólo logro ver a mi madre cuando cierro los ojos; en verdad, la pintura es una extensión de la visión, como la música es una extensión de la audición. Cuando logro crear algo, deseo que alguien piense: "Existen otros mundos, silenciosos, remotos, solitarios, distantes, en donde la vida se muestra con toda su intensidad. Vayamos hasta ellos".

20 DE JUNIO DE 1914

Creo que es un error tuyo negarte a tener un contacto más íntimo, Mary. Un hombre, en su pasión, se guía por tres cosas: la lógica, el corazón y el sexo. Cada una de estas cosas lo gobiernan durante un determinado período; la lógica y el corazón me gobernaron durante muchos años. Pero, ahora, aparece el deseo sexual.

Me dijiste: "Querido Kahlil, vamos a dejar el mañana para mañana". Y, en ese momento, me sentí pequeño e ingenuo. A las cosas importantes las has venido tratando como si no fueran nada.

Yo te amo. Mi deseo es mayor que tu deseo hacia mí. Cada vez que te encuentro, tu presencia llena todo el espacio que me rodea.

Yo te amo, y sé que el contacto físico tiene su momento. Después, este momento desaparece.

No quiero que nada de lo que sea muy importante entre nosotros termine por desaparecer, porque no sabemos qué puede suceder después de eso. Nuestra relación ya es suficientemente fuerte, pero no sé a dónde pueden llevar los límites que se le imponen al amor.

A pesar de todo, me entrego en tus manos. Un hombre solamente puede entregarse en las manos de alguien cuando el amor es tan grande que el resultado de esa entrega es la libertad total.

Yo te amo con todo lo que existe en mí. La punta de mis cabellos, el borde de mis uñas, todo está repleto de este amor que te tengo, Mary.

8 DE JULIO DE 1914

Mi amada Mary, tu don es la comprensión. Es como el Gran Espíritu que se aproxima al ser humano, no sólo para compartir sus días con él, sino también para hacerlos más intensos. Cuando te conocí, el milagro de tu don hizo cambiar por completo mis días y mis noches.

Siempre pensé que cuando alguien nos entiende termina por esclavizarnos, ya que aceptamos todo para que nos comprendan. Sin embargo, tu comprensión me trajo la paz y la libertad más profunda que hasta hoy conocí. En las escasas dos horas de tu visita, descubriste un punto negro en mi corazón; lo quitaste de mi pecho, lo tocaste, y éste desapareció para siempre, destruyendo las cadenas que me aprisionaban.

Que Dios te bendiga.

22 DE JULIO DE 1914

Me has escrito: "Veo que muchos reciben de tu parte cosas buenas, porque fuiste capaz de sufrir". Tu carta fue un importante mensaje más para mí, mi amada Mary.

Espero que estés aprovechando tus días de soledad en la montaña; es delicioso estar libre de todo lo que no es verdadero, y ser capaz de vivir de una manera simple y directa.

Sin embargo, estoy allí, y espero que lo sientas de modo tan real como lo es para mí.

Ultimamente he andado silencioso, pensativo, y hay muchas cosas nuevas en mi alma. Me gustaría poder darles forma, pero mis manos no logran acompañar a mi imaginación.

Me pone contento saber, amada Mary, que nosotros dos somos capaces de dejar este mundo atrás, y buscar el *verdadero* mundo, en donde podemos vivir y ser lo que siempre deseamos.

Buenas noches, querida Mary. Que Dios te bendiga.

7 DE AGOSTO DE 1914

Estoy en esta extraña ciudad de Boston hace una semana. Por más que lo intente, no logro trabajar o pensar. Continúo rodeado por esa gente educada, pero con la que tengo muy poco en común.

Algo debe estar ocurriendo conmigo, Mary. Veo a las personas, y *sé* que sus almas son buenas. Pero cuando estoy con ellas, siento una impaciencia demoníaca, un deseo extraño de herirlas. Cuando hablan, mi mente trata de alejarse y de volar por tierras distantes, y me siento como un pájaro que tiene una larga cuerda atada a sus pies.

Entonces me acuerdo de mis compatriotas sirios, y tengo conciencia de que me incomodan mucho menos, porque son personas simples, y porque no están todo el tiempo tratando de parecer interesantes.

Las personas que se esfuerzan para ser interesantes son las más aburridas de todas.

7 DE AGOSTO DE 1914

Esta guerra que ahora asola a Europa atañe a todas las personas del mundo; tú y yo también luchamos allí.

El hombre es parte de la Naturaleza. Todos los años, los elementos de la naturaleza declaran la guerra contra sí mismos: el Invierno lucha contra las fuerzas de la Primavera, y eso es tan destructivo como las guerras humanas. También nosotros pasamos por ese proceso, y muchas veces tenemos que morir por algo que no comprendemos bien.

Aquellos que luchan por una paz eterna son como los jóvenes poetas que no quieren que la primavera acabe nunca. Un hombre tiene que aprender a luchar por sus ideales y por sus sueños, porque eso también es parte de lo que Dios colocó en nuestro mundo.

Nadie llora cuando llega el invierno, ni danza cuando la primavera comienza a mostrar las flores del campo. Existe gente que gusta más de las noches frías que de las del verano. Sería justo decirle a esas personas: "Tú no tienes corazón, ves a la Naturaleza destruida por el frío pero no lloras. La gloria y la belleza del verano están por morir, y tú pareces indiferente".

Por eso es esta eterna lucha, Mary.

Pero no existe lo que intentan llamar *lucha por la muerte*. Todo lo que sucede en esta Tierra es una lucha por la vida.

6 DE DICIEMBRE DE 1914

Me dijiste en tu carta: *"Que Dios te bendiga, y te acompañe. Cuanto más cansado estés, más próximo El estará".*

Desde la mañana estuve enviando sobres para mi exposición. Al cuadro *La Gran Soledad* le coloqué el precio de u$s 2.500. Pensé que nadie iba a querer comprar algo de un artista desconocido, pero esta mañana la Sra. Wilson pasó por aquí, y me dijo que pagaría lo que estoy pidiendo.

¿No te parece que esta pintura es una de las muchas cosas de las que debemos desprendernos, de manera de poder llegar a lugares más distantes?

Estas pinturas ya no son más parte de mi vida. Mientras yo trabajaba en ellas, aprendí mucho. Aprenderé aún más si las dejo seguir sus caminos.

*E*l 20 de diciembre de 1914, Mary Haskell describe en su diario un almuerzo con Kahlil.

Mientras comen, ella le pregunta si a él le gustaron los cinco kilos que engordó. El le dice que no notó el cambio.

Volviendo al estudio, y conversando sobre algunos temas banales, ella presiona deliberadamente la falda alrededor de la pierna, de manera de mostrar su forma.

"¿Están finas?", pregunta.

"Estoy sorprendido", responde él. "Nunca vi tu pierna, y siempre traté de imaginarte usando tu brazo como referencia. Las personas generalmente hacen eso."

"Siempre estoy completamente vestida", responde ella.

Entonces Mary, para provocarlo, le pregunta a Kahlil si desea que ella se desvista, de modo de poder juzgar mejor su cuerpo.

"Si esta habitación no estuviera tan fría, te pediría que lo hicieras", dice Kahlil.

Mary y Kahlil aumentan la calefacción, y ella se queda desnuda. Kahlil lanza elogios a su cuerpo, pero Mary percibe que él está desconcertado.

"Los hombres les tienen miedo a las mujeres así", dice Kahlil. *"No les gusta sentirse perturbados."*

Mary vuelve a vestirse.

28 DE DICIEMBRE DE 1914

¿Hay algo en tu pensamiento, Mary? Parece haber algo difícil de resolver. Esta situación (sexo) no está resuelta. Y nunca lo estará. Nosotros aceptamos algo nocivo porque no hay otra solución; sólo se pueden resolver aquellas situaciones que son reales, y nuestra falta de libertad no es real.

Aquella noche, después de que te vestiste y te fuiste, me quedé gritando el resto del tiempo por tu causa. Estamos dejando pasar algo que es parte de una relación entre personas normales e intensas.

No puedo pensar en lo que sucedió como si fuera algo meramente accidental; si solamente estuviéramos apasionados, tal vez yo lograría olvidar lo que ocurrió. Pero el amor —el verdadero Amor— es tímido ante el contacto físico. Yo voy a pensar en lo que sucedió durante diez días, porque el sexo es algo importante y fundamental en la vida de alguien.

Y decidí que no debemos conversar más sobre esto, porque no tenemos la libertad de decirnos todo lo que sentimos.

La noche de Fin de Año de 1914, Kahlil va a visitar a Mary. Los dos se sientan en el sofá, y ella le pide que le abra el cuello de su blusa.

Kahlil se recuesta, y le pide a Mary que se eche a su lado, con la cabeza en su hombro.

"Parece que estuvieras quemándote", dice Kahlil.

"Sí", responde Mary, "porque estoy sentada al lado del horno".

El se ríe: "¿Yo soy tu horno?".

Mary cuenta que la cañería del agua caliente se había roto. Y usa esta analogía para referirse a la relación entre los dos: si a un caño tan fuerte logra destruirlo el simple hecho de que unas gotas de agua se congelan en su interior, ningún deseo es invencible.

Los dos se abrazan, y Kahlil la besa apasionadamente. La descripción de aquella noche termina allí, pero de la *lectura de cartas posteriores se desprende que no existió ningún contacto sexual; la relación de los dos, aunque a veces torturada por el deseo, será siempre platónica.*

28 DE ENERO DE 1915

Dormí mucho durante estas tres semanas.

He pensado en las millares de cosas que necesito hacer este año; tengo miedo, mi amada Mary, de no poder realizar nunca plenamente mis sueños. Siempre me detengo antes. Siempre alcanzo solamente la sombra de lo que deseo.

Yo solía sentir placer al ver a las personas elogiando mi trabajo, pero ahora esto me entristece, porque cada elogio me recuerda lo que todavía no hice, y me gustaría que me recordaran por lo que todavía me falta hacer. Sé que esto debe sonar infantil, ¿y qué hay con ello?

Ayer por la noche, yo me decía a mí mismo: "La conciencia de una planta en pleno invierno no está dirigida al verano que pasó, sino a la primavera que llegará. La planta no piensa en los días que ya se fueron, sino en los que vendrán. Si las plantas están seguras de que la primavera vendrá, ¿por qué nosotros —los humanos— no creemos que un día seremos capaces de alcanzar todo lo que deseamos?".

9 DE FEBRERO DE 1915

Mi amada Mary, tal vez no entiendas mi silencio. Sin embargo, siento que también estás callada, mis días silenciosos también son tuyos. Pero es necesario que sepas que me es imposible hacer nada sin tu presencia, y que preciso tu espíritu en mi vida diaria.

Uno de estos fríos días, encontré a Ryder en una habitación casi sin calefacción. Todo a su alrededor estaba sucio y desarreglado, aunque siento que él decidió vivir sólo de la forma que siempre deseó. Tiene dinero, pero no piensa en ello; su mente no está más en este planeta, y vaga más allá de sus propios sueños.

Leyó un poema que yo había escrito, y lloró. Entonces me dijo:

"Es bellísimo. Es demasiado para mí. No soy digno de leerlo."

Se quedó en silencio un rato, y volvió a hablar:

"He pensado en mandarte una carta, pero no lo hice, porque debo esperar que mi alma cambie de lugar antes de escribir."

14 DE MARZO DE 1915

La vida no es tan solo *"una historia contada por un idiota, llena de sonido y furia, pero que no significa nada"*, como decía Macbeth. La vida es un largo pensamiento. Pero —no sé por qué— no me gusta compartir este pensamiento con los demás. Ellos lo llevan para un lado, y yo para otro, y nadie aguanta esa lucha mental durante mucho tiempo. Mary, una de las muchas cosas que nos acercan fue que nosotros llevamos el Pensamiento de la Vida para el mismo lado, y no tenemos miedo de la soledad que eso acarrea.

Ahora debo salir, y caminar al sol. Me llevaré el cuaderno de notas, para escribirte; cuando hago esto, siempre logro poner en orden mis ideas.

18 DE ABRIL DE 1915

Sí, Mary, estos dos días que estuvimos juntos fueron magníficos. Cuando hablamos acerca del pasado, hacemos siempre más real el presente y el futuro. Durante muchos años, tuve pavor de mirar lo que viví, un miedo causado por la falta de objetividad y franqueza conmigo mismo. Qué bueno sería si yo tuviera el coraje de abrir mi corazón, y hablar de Dolor. Siempre sufrí en silencio, y el silencio nos hace sufrir más profundamente.

Aun así, para las personas es mucho más confortable no hablar; solemos confundirnos cuando intentamos organizar nuestro pensamiento. Esto solamente no me ocurre cuando estamos juntos: las charlas nos aproximan, quitando todo lo malo que quedó olvidado en un rincón polvoriento de nuestro inconsciente.

El único silencio que experimentamos juntos es el

que nos hace comprender todo. Los otros silencios son crueles e inhumanos.

Que Dios te bendiga, mi amada Mary. Que Dios nos mantenga juntos.

El 18 de abril, Mary le envía una carta a Kahlil, describiendo la belleza de las Sierras, en donde está pasando sus vacaciones. En la carta, le confiesa que nunca creyó en las palabras de amor que oyó de él, porque su manera de amar es muy complicada. Aunque admite que lo hizo sufrir mucho.

Mary entiende que está luchando para mantener alejado un amor que ya se instaló, y le pide perdón a Kahlil. A partir de este momento, ella acepta abrir su corazón.

23 DE MAYO DE 1915

Siempre quise hablar de tu persona como la vida que crea la Vida; pero nunca me lo permití. Pensé que no desearías que yo dijera esto. Sin embargo, siento que finalmente llegamos a un momento importante entre nosotros.

Cuando nos encontremos, hablaremos mucho de eso, no como si fuera una cosa nueva, sino como algo antiguo que está siendo vivido de una nueva manera.

Siempre creí, Mary, que la Revelación es tan solo el descubrimiento de algo mayor que ya existe en nosotros mismos, una parte de nosotros a la que tenemos miedo de penetrar, y que, sin embargo, se permite experimentar lo que tenemos miedo de sentir.

Nuestro crecimiento reside en el hecho de entrar en contacto y aceptar esa parte más generosa de nosotros mismos.

17 DE JULIO DE 1915

Nosotros dos —y todos los que nacieron con ansias de vivir— tratamos de tocar los límites de nuestra existencia, no sólo a través del conocimiento; nuestro deseo es vivir esa experiencia. Y el Espíritu de ese mundo, aunque siempre esté cambiando, es lo Absoluto.

Los grandes poetas del pasado siempre se entregaban a la Vida. No buscaban algo determinado, ni intentaban revelar secretos; simplemente permitían que sus almas estuvieran gobernadas, guiadas, movidas por la Existencia. Las personas están siempre buscando seguridad, y a veces la consiguen; pero la seguridad es un fin en sí mismo, y la Vida no tiene fin.

Tu carta, Mary, es la más bella expresión de vida que he recibido jamás. Es una demostración del sagrado deseo de encontrar el Mundo, y —al encontrarlo— esperar que esté desnudo. Así es el alma de los poetas de la vida.

No son poetas aquellos que escriben poesía sino todos los que tienen el corazón lleno de este espíritu sagrado.

2 DE AGOSTO DE 1915

Es necesario hacer todo el esfuerzo posible para liberarse del pasado; tenemos que ver el día de ayer como una madre que, a pesar de tener todavía el rostro marcado por el dolor del parto, está feliz por aquello que logró.

Tuvimos cinco largos años de profundo sufrimiento, pero éstos fueron muy creativos. Crecimos mientras los atravesábamos, aunque ellos cubrieran nuestros cuerpos de cicatrices.

Emergimos de esa época con más fuerza y con más simplicidad de alma. Sí, nuestras almas están más simples, y ésa fue nuestra mayor conquista. Todos los trágicos procesos de la vida humana —y esta guerra en Europa es uno de ellos— trabajan en el sentido de ayudar al hombre a simplificar su alma.

Yo creo que Dios es simple.

Es bueno que sepas, Mary, que toda relación humana está dividida en estaciones. Los cinco años pasados fueron la estación de nuestra amistad. Ahora estamos en el comienzo de una nueva época, menos nebulosa, más simple, y más capaz de ayudarnos a simplificar los seres que somos.

¿Quién puede decir: "Esta época fue buena y esta época fue mala"? Todas las estaciones son parte de la naturaleza. La muerte es parte de la vida. Y, a pesar de que yo morí muchas veces durante estos cinco años, estas marcas ya no están en mí, y mi corazón no carga ninguna amargura.

9 DE DICIEMBRE DE 1915

Mil veces gracias por estos magníficos libros de Astronomía; nunca me interesó el tema, pero ahora veo que es la mejor manera de comprender al hombre. Nuestra visión es tan limitada que precisamos que la Astronomía nos transporte más allá de nuestra tribu, de nuestra raza, de nuestro país. Cuando nuestras mentes, todas juntas, sean conscientes de otros mundos y otras esferas, no les prestaremos más atención a los comentarios de los vecinos.

Trabajo todos los días. Ah, Mary, desearía que mi corazón explotase, para que de allí pudieran salir todas las cosas que están aprisionadas. Mis manos son estúpidas, tímidas, desconocidas. Nuestros corazones son mucho mejores que nosotros mismos, y —entre los sentimientos y las maneras que tenemos para describir estos sentimientos— existen mil velos. Cuando alguien logra trabajar de adentro hacia afuera, vive en un estado de constante renacimiento. Es una reconstrucción diaria de uno mismo, y, como bien lo has dicho, el día de ayer ya sucedió hace mil años.

Leyendo tus dulces y queridas cartas, me siento como una planta que crece en dirección a la luz. Y me olvido de mis propias sombras.

Quiero que sepas, Mary, que un día yo seré el hombre para el que son escritas estas cartas. Yo quiero ser ese hombre que siempre pensaste que soy, con toda la fuerza de mi corazón y de mi alma.

6 DE ENERO DE 1916

Pensé en escribir, darle forma, manifestar los únicos pensamientos que realmente cambiaron mi vida interior: Dios, el Mundo, y el alma del hombre. Siento que una voz está tomando forma dentro de mí, y ahora estoy esperando escucharla. Mi único deseo es encontrar la manera exacta, la vestimenta correcta para que lo que esta voz tiene para decir llegue a los oídos humanos.

Es bello poder hablar de Dios con los otros. No podemos entender enteramente la naturaleza de Dios porque *no* somos El, pero al menos podemos preparar nuestra conciencia para crecer, usando Sus manifestaciones visibles.

30 DE ENERO DE 1916

Querida Mary: comienzo a tener una nueva comprensión de Dios, que está conmigo día y noche, y está presente en todos mis pasos. Es como si, poco a poco, mis ojos estuvieran presenciando el nacimiento del Creador. Yo Lo veo naciendo como una bruma, del medio de las montañas, de las planicies y de los mares. El Se levanta. Todavía no Se conoce enteramente. Pasan millones de años, y El —movido por Su propio deseo— trata de descubrir más de Sí mismo. Para ello crea al hombre.

Dios no es (tan solo) el creador del hombre o de la Tierra. Tampoco es juez de lo que ocurre debajo del Sol. Dios es la manifestación pura de Su propio deseo original: de que el hombre y la Tierra sea parte de El. Dios es una fuerza en movimiento, que crece a través de este deseo, y hace que todo sobre la faz de la Tierra crezca con Él.

El deseo es la fuente del poder que todo cambia.

10 DE FEBRERO DE 1916

Aunque no lo creas, mi amada, todavía tengo en el banco dinero suficiente como para vivir un año entero. Y, sin embargo, estás siempre dándome, y dándome sin límite.

He vivido en completo éxtasis. Lo único que mi corazón no sabía era amar la Vida. Durante veinte años lo único que sentí era un hambre inmensa, una sed inmensa por algo que no lograba comprender qué era.

Pero las cosas cambiaron. Esté donde esté, haga el trabajo que haga, veo nítidamente la generosa ley que transforma nuestras acciones en flores, y transforma esas flores en Dios.

Esa hambre, que me acompañó durante tantos años, era el deseo de ver lo que había más allá de mí. Lo intenté de diversas maneras, y ahora encontré el único camino correcto: a través de Dios.

El alma busca a Dios, como el aire caliente busca las alturas, y los ríos corren hacia el mar. El alma tiene dos poderes: el deseo de buscar, y la capacidad de luchar por este deseo.

Y el alma nunca pierde su camino, de la misma forma que el agua no corre hacia la cima de la montaña. Por eso, todas las almas estarán en Dios, no importa cuánto tiempo lleve eso.

La sal no pierde sus propiedades, ni siquiera cuando se mezcla con las aguas del océano. El alma no pierde esta hambre de Dios; es eterna, y un día será saciada.

El alma jamás dejará de buscar a Dios. Y, cuando Lo encuentre, descubrirá que El también la buscaba.

1º DE MARZO DE 1916

Mi amada Mary, me siento como una semilla en medio del invierno, sabiendo que se acerca la primavera. El brote romperá la cáscara, y la vida que aún duerme en mí habrá de subir a la superficie, cuando sea llamada.

El silencio es doloroso. Pero es en el silencio donde las cosas toman forma, y existen momentos en nuestras vidas en que lo único que tenemos que hacer es esperar. Dentro de cada uno, en lo más profundo del ser, hay una fuerza que ve y escucha lo que todavía no podemos percibir. Todo lo que somos hoy nació del silencio de ayer.

Somos mucho más capaces de lo que pensamos. Hay momentos en que la única manera de aprender es no tomar ninguna iniciativa, no hacer nada. Porque, incluso en los momentos de total inacción, nuestra parte secreta está trabajando y aprendiendo.

Cuando se manifiesta el conocimiento que está oculto en el alma, nos sorprendemos con nosotros mismos, y nuestros pensamientos de invierno se transforman en flores, que cantan canciones nunca antes soñadas.

La vida siempre nos dará más de lo que creemos que merecemos.

9 DE ABRIL DE 1916

Mi amada Mary, cuando el alma está hundida en pensamientos que cambian permanentemente, perdemos el poder de las palabras. Pero, aunque mi lenta comprensión de Dios me haya acompañado durante todos estos meses, nunca dejé de estar a tu lado, y siempre tuve la certeza de que nosotros dos nos hablamos a través de este silencio exterior.

Necesitamos una compañía para conversar de madrugada, o durante los largos paseos en el parque. Incluso distante, has sido esa compañera.

Trabajo mucho, y trato de recibir el mínimo de visitas. El abismo entre yo y los otros crece cada vez más. A veces pienso: "Este abismo existe porque en mí hay algo que está mal. Cuando lo que está mal se modifique, en ese momento voy a estar de nuevo junto a las personas, y seré capaz de amarlas con un nuevo tipo de amor".

10 DE MAYO DE 1916

Querida Mary:

Te estoy enviando una parábola que terminé.

He escrito poco, y sólo lo hice en árabe. Me gustaría oír tus correcciones y sugerencias:

Mi amigo me señaló un ciego en la sombra de un templo.

Mi amigo me dijo: "Este es el hombre más sabio del mundo".

Nos acercamos, y le pregunté: "¿Desde cuándo usted es ciego?".

"Desde que nací."

"Soy un astrónomo", comenté.

"Yo también", respondió el ciego. Y, colocando su mano sobre el pecho, dijo: "Observo aquí dentro los muchos soles y las muchas estrellas".

16 DE MAYO DE 1916

Querida Mary:

Gracias por las correcciones. Tengo otras historias, pero no sé cómo expresarlas, porque el inglés no es una buena lengua para las parábolas.

Desde que la nueva concepción de Dios se instaló en mi alma, perdí casi la capacidad de comunicarme por escrito.

Un hombre, en un avión, ve la Tierra desde un ángulo diferente, pero con los mismos ojos. Tengo que cambiar los ojos para poder ver las cosas como realmente son.

19 DE DICIEMBRE DE 1916

Querida Mary:

Gracias por tus cartas durante todo este tiempo; por cada palabra escrita, y por el espíritu divino que habita en cada una de ellas. Que Dios me haga digno de recibirlas.

Cuando la mano de la Vida es pesada, y no se escuchan canciones durante la noche, la única cosa que nos alivia es creer y confiar en el amor. De esta manera, aun en las peores circunstancias, todo se vuelve más leve, y surgen en la oscuridad algunas melodías, porque amamos y confiamos en ese amor.

Gracias por el meteorito que me enviaste. Suelo tocarlo y pensar que, en mis manos, hay algo que vino de millones, millones de quilómetros de distancia.

Este precioso meteorito llena mi imaginación, y hace que el infinito sea menos extraño a mi alma.

28 DE JULIO DE 1917

Me siento al lado de una persona durante una cena; en todos los que están en esa mesa existe una profunda soledad, y cada uno desearía poder hablar un poco de sí mismo. Entonces empiezo a conversar con una mujer, y la dejo hablar. Luego de un rato, ella comenta: "¡Al fin encontré a alguien que me comprende!".

Ella me pide que vuelva para la próxima cena. Suelo decir que no la primera y la segunda vez; la tercera generalmente voy, porque no deseo pecar de falta de delicadeza. Noto que esta mujer quiere que yo sea parte de su vida: desea verme más, hablar más de sí misma, de sus días siempre iguales, de sus problemas. A pesar de ser casada, comenta: "Mi marido es una buena persona, pero no me oye. Es como vivir con un extraño luego de tantos años, etc.". Y sigue hablando.

¡No quiero que estas cosas se repitan constantemente en mi vida! Basta de intentar *entender* a las personas. Me interesan, pero en un aspecto más amplio, como parte del universo. Es importante que gusten de mí, pero no puedo permitir que ese tipo de afecto les dé a los demás el derecho de poseerme.

Entre nosotros las cosas son diferentes, porque son bellas e intensas, y yo deseo entregarme. Muchas veces, ni llegamos a empezar a hablar, y yo ya comprendí lo que dijiste, ya estoy en el final de tu frase.

No creo que eso dependa del tiempo que estamos juntos, sino de la capacidad de crecer que tuvimos durante ese tiempo.

31 DE OCTUBRE DE 1917

Sí, mi adorada Mary, nosotros comprendemos sin saber que comprendemos, y vivimos algo que —conscientemente— no podemos explicar.

La realidad de nuestra relación es la presencia de la Realidad que gira a nuestro alrededor.

Aun cuando dudamos, nuestro corazón no duda. Aun cuando le decimos "No" a la vida, lo que el Universo escucha es un "sí".

En cuanto a nuevas experiencias, el "no" sólo lo pueden oír los hombres. Dios siempre escucha "¡Sí!".

15 DE NOVIEMBRE DE 1917

Mi amada Mary:

Gracias por el azúcar y por los libros; los habré de consumir con mucho cuidado.

Es llamativo que nunca haya tenido ganas de leer libros sobre sexo. Tal vez no haya sido suficientemente curioso, o tenga una mente demasiado tímida. Pero ahora deseo saber *todo* lo que hay bajo el sol, las estrellas, o la luna. Pues todas las cosas son bellas, y se vuelven todavía más bellas cuando no tenemos miedo de conocerlas y experimentarlas.

La experiencia es la Vida con alas.

6 DE ENERO DE 1918

Yo me pregunto (sobre la madre de Jesús) cuánto sabía ella respecto a Su hijo. Debía ser consciente de que El era una fuente de problemas, pero que era una buena persona. Después de Su muerte, y tal vez a causa de la devoción de Sus amigos y seguidores, María debe haberlo comprendido mejor que cuando estaba vivo.

Habrá un día en el que seremos capaces de entender a Cristo como la llama, en donde ardía toda la intensidad de la vida. Sócrates podía tener una excelente relación mental con sus discípulos, pero Jesús permitía que Sus apóstoles Lo *sintieran*. Veamos, si no, en lo que El los transformó; Juan se volvió un poeta de primera línea, Pablo recorrió el mundo.

Miguel Angel sólo fue mejor que los pintores que

vinieron antes que él, pero el camino que recorrió ya era conocido.

Cristo cambió el pensamiento humano, y a través de El, los hombres descubrieron un nuevo camino.

6 DE ENERO DE 1918

Un espíritu supremo nace siempre con una misión, y piensa que todos los otros hombres también la poseen. Pasan años hasta que se da cuenta de que está solo, y no todos los seres humanos son capaces de dejar que se manifieste su razón de vivir. En el ochenta por ciento de los casos, las personas renuncian a la Vida que desearon cuando eran niños.

A partir de ese momento, el que sigue su misión piensa que está solo, y este descubrimiento lo vuelve amargo y cínico. De a poco, se aísla; su mundo interior se aparta de este mundo, y termina sus días solitario, no importa donde viva.

Son pocos los que se resisten a la presión que ejerce el mundo, y además logran colocar un poco de sí mismos en lo que dicen y hacen.

El 6 de mayo, Mary Haskell y Gibran discuten por primera vez la idea de El Profeta, libro que lo haría famoso en el mundo entero.

Kahlil dice: "Durante estos 18 meses, estuve trabajando en algo que crecía en mí. Se trata de un libro sobre 21 temas, sobre los cuales ya escribí dieciséis".

Kahlil cuenta su idea acerca del prólogo, aún no escrito: en una ciudad mediterránea, un hombre —un poeta, visionario, o profeta— vive en el campo. La ciudad lo ama, pero este amor no es suficiente como para que las personas que viven allí se acerquen a él. Piensan que su presencia allí es temporaria, y que un día partirá. Cierta mañana, se acerca un barco. Nadie dice nada, pero todos saben que está allí para venir a buscar a aquel hombre. Y, ahora, como va a dejarlos para siempre, todos se le acercan y le piden que les enseñe lo que aprendió durante *esos años de soledad. Alguien le dice: "Explíquenos la Amistad", y muchas otras cosas por el estilo.*

Kahlil lee algunos de estos párrafos, y provisoriamente bautizan el libro con el nombre Consejos.[1] *Entonces dice:*

"¿No te parece que todo lo que está allí es el resultado de nuestras conversaciones durante todos estos años?"

---

[1] Título dado provisoriamente a *El Profeta* aquella noche, y que se mantendrá en algunas de las cartas siguientes.

11 DE MAYO DE 1918

Creo que deberías continuar dando las clases de pintura en la escuela, Mary, porque de esa manera los alumnos pueden visualizar lo que piensan. Cuando se proyecta una imagen de algo, nunca más se la olvida. Somos hijos de las formas y los colores, y aprendemos con ellos.

Vivo torturado porque las personas —en vez de usar imágenes— no paran de hablar nunca, y no puedo interrumpirlas a cada instante. Un torrente de palabras, palabras, palabras que no para de fluir, y aun así nadie se da cuenta realmente de lo que está diciendo.

Ya hacen seis años que los dos pensamos, hablamos y trabajamos juntos. Pero, para nosotros, todo tiene sentido, porque estas ideas, después de ser nada más que palabras, pasaron a ser parte de nosotros mismos. Pero esto no es una regla que se les pueda aplicar a todos.

Quiero que *Consejos* sea un libro simple. No importa si algunas partes son duras o amargas: lo importante es que mi personaje diga la verdad.

1° DE SEPTIEMBRE DE 1918

Cierta vez, advertí a un hombre sentado cerca de Jerusalén. Cada vez que yo pasaba por allí, él seguía en el mismo lugar. Le pregunté a mi guía quién era, y éste, riéndose, me dijo que el viejo había enloquecido.

Entonces, decidí acercarme, y le pregunté:
"¿Qué está haciendo?"
"Estoy mirando los campos", respondió el hombre.
"¿Y qué más?", quise saber.
"¿Acaso eso no es suficiente para entender la vida?", respondió ese hombre al que llamaban loco.

Vivimos luchando por las cosas complicadas, y nos olvidamos que mirar los campos es más que suficiente para comprender a Dios.

17 DE NOVIEMBRE DE 1918

Hay momentos en que la vida, aparentemente sin significado, parece tener mil sentidos al mismo tiempo. Nuestro corazón está en todos los lugares, nosotros nos sentamos al borde de un río y bebemos sus aguas más profundas. Percibimos que el agua también tiene sed, y también nos está bebiendo; en ese momento somos uno solo con el Universo.

Hace mucho tiempo, yo dije: "Dios está por detrás de mil velos de luz". Ahora yo diría: "El mundo acaba de pasar por uno de estos velos, y Dios está más próximo".

Todo está diferente. Los rostros en las calles, en los trenes, en los automóviles, muestran otra belleza. Y no se trata solamente del fin de esta Guerra que comprometió a Europa entera. Tampoco es la victoria del lado al cual pertenecemos, sino el predominio del espíritu sobre lo material: una gota de aceite, depositada hace cuatro años en el fondo del océano, finalmente sube y encuentra la luz.

¿Pero por qué te estoy escribiendo esto, Mary? Si sabías todo lo que iba a ocurrir. Y fuiste, más que cualquier otra persona en este mundo, quien alimentó mi fe en esta victoria.

En 1919, el contacto personal entre los dos se hace mucho más estrecho, y casi no existe ninguna correspondencia significativa entre Mary Haskell y Kahlil Gibran. Hay también un único registro en el diario de Mary Haskell, en el que ella comenta un encuentro con Kahlil, y él dice que el próximo año va a publicar el libro Consejos, *al que decidió titular* El Profeta.

18 DE ABRIL DE 1920

Todo mi ser está completamente impregnado por *El Profeta*. En este libro pude llegar a definir ciertos ideales, y mi deseo es vivirlos de acuerdo a lo que escribí. En verdad, he intentado encontrar al *Profeta* desde que tenía 14 años, pero sólo ahora soy consciente de las verdades que fueron apareciendo en mi vida, y que se manifestaron en este libro, que está modificando todo dentro de mí.

Amo a las personas más que nunca, aunque siga sintiéndome solo y sepa que no soy una buena compañía para los otros, excepto en tu caso, Mary.

Pero aprendí a amar. Cuando no amamos, o cuando no nos sentimos bellos, tratamos siempre de estar ocupados. Y no permitimos que se dé nuestro crecimiento interior, porque tratamos de controlarlo.

¡Qué tontería! Nunca debemos decir: "Yo quiero

crecer en esta dirección", o "ahora me dedicaré a ir por esta otra dirección".

Lo que precisamos es entregarnos al crecimiento tal como surge, y dejar que él nos guíe.

18 DE ABRIL DE 1920

La vida es irónica. Muchas veces, cuando tratamos de ser delicados y tolerantes, ofendemos a los demás. Hay que tener mucho cuidado al hablar con las personas. Si yo le digo a alguien "comprendo que piense así, pero cuando tenga más experiencia va a entender mejor este tema", la persona se pone furiosa, nos da la espalda y se marcha.

Pero si yo digo: "Está diciendo tonterías", esta misma persona me prestará toda su atención, y se pasará el resto del día discutiendo conmigo.

20 DE ABRIL DE 1920

Estoy trabajando en la parte de *El Profeta* en la que hablo del crimen y del castigo. No puedo ser indiferente con los criminales, y siempre leo las noticias policiales. Cuando encuentro algo sobre un falsificador, me siento como si hubiera participado de la falsificación. Un titular que anuncia un crimen me hace sentir también el asesino.

Cada vez que un ser humano hace algo equivocado, todos nosotros también lo hacemos; lo que ocurre alrededor de la Tierra es un reflejo de las emociones de cada uno de sus habitantes.

Nosotros estamos en todos, y todos están en nosotros. El poeta y el criminal viven en el corazón de cada hombre.

21 DE ABRIL DE 1920

El amor es consciente de sí mismo. Es un impulso creativo; no tiene otro propósito más que bastarse a sí mismo.

El ser humano es perfecto en sus imperfecciones.

Debo aceptar que, cuando alguien se mueve muy lentamente en determinada dirección, se debe a que es la única manera que tiene de recorrer ese camino.

Lo mismo ocurre con el amor.

20 DE MAYO DE 1920

Pasé una excelente noche en la Sociedad de Ciencias y Artes. W. B. Yeats estaba allí con su esposa, y leyó fragmentos de sus poemas.

Ella es muy extraña; mientras Yeats recitaba sus versos, parecía retraída e inexpresiva. Pero cuando nos sentamos para cenar juntos, se mostró viva, interesada por todo y extremadamente culta. Parece que Yeats entiende la importancia de esta mujer en su vida.

La finalidad de la existencia siempre se manifiesta a través del lado femenino; es la única manera que tiene el hombre de comprender su misión.

22 DE MAYO DE 1920

Inicialmente, vemos cualquier novedad como una diversión más. De a poco, pasamos a comprender dicha novedad, y entonces la olvidamos.

Sin embargo, a medida que la olvidamos, ésta penetra en nuestro inconsciente, y nos hace un poco diferentes de lo que éramos antes.

Nada de lo que ya hemos vivido se perderá jamás. No logro pensar en un *fin* para nada de esta Tierra.

Entonces, ¿por qué tratar de entender el principio?

20 DE AGOSTO DE 1920

La única manera de justificar nuestros días es amando y trabajando con lo mejor que existe dentro de nosotros. Debemos usar el corazón del corazón, y ver el mundo con ojos de donde siempre estén brotando lágrimas —tanto de alegría como de tristeza.

Conozco poetas que nunca se muestran por completo, porque tienen miedo de que los reconozcan, y terminar aislados; no les gusta eso, porque no pueden valorar su propia compañía.

Paradójicamente, esa soledad es algo que asusta y atrae a los hombres. Yo, por ejemplo, *adoro* estar solo. Cuando estoy rodeado de gente, y aun así logro reconocer mi propia soledad, soy capaz de amar a todos los que me rodean, con mucho más desprendimiento.

Pero a medida que esas personas me exigen que yo abandone mi soledad interior —para no sentirse solas ellas mismas—, la magia de ese amor va desapareciendo.

27 DE AGOSTO DE 1920

Soy realmente un sujeto testarudo. Si todas las personas de la Tierra se reunieran para decirme que el alma muere junto con el cuerpo, eso no cambiaría en nada mi convicción, porque sé que mi alma no morirá.

Ahora estoy trabajando en la parte del *El Profeta* en la que escribo sobre el casamiento. Ahí digo: *"Que el hombre y la mujer sean capaces de llenar cada uno la copa del otro, pero que no beban de la misma copa"*. ¿Qué quiero decir? Que una pareja no puede vivir la misma vida. Cuando se empieza a hacer esto por amor, se termina descubriendo que este camino conduce al odio.

3 DE SEPTIEMBRE DE 1920

Algunas de las cosas que escribí en el pasado ya no me parecen el reflejo de lo que pienso hoy. Sin embargo, eran reales para mí cuando las coloqué en el papel, y allí debo dejarlas.

Mi vida es como una caminata hasta la Ciudad Sagrada.

Mi obra es el extraño que encuentro el primer día de andar.

En este primer contacto, este extraño me parece triste y amargo.

Al día siguiente, él está menos amargo, y nosotros estamos más próximos a la Ciudad Sagrada.

Al tercer día, él ya comienza a ponerse alegre; y va mejorando al cuarto, al quinto y al sexto día.

El séptimo día de marcha ya comienza a hablar de astros y estrellas. Y cuando llegamos a la Ciudad Sagrada, ya no lo encuentro más, porque él va directo al templo y se ofrece a Dios.

3 DE SEPTIEMBRE DE 1920

La intensidad de la vida depende de cómo la miramos. Hay pintores que hallarían bello este plato de uvas que hay sobre la mesa; y tratarían de pintarlas con toda su frescura, su color, su luz y su forma.

Y nosotros, cuando miramos el cuadro terminado, debemos pensar en los viñedos, en cómo crecieron, cómo fue la cosecha. Pensar en el negocio en donde se venderá el vino de estas uvas, y en las bocas que lo probarán; entender que cada una de ellas vino de un lugar diferente, aunque todas estén en el mismo plato. Reparar en que el plato es chino, y recordar todo lo que aprendimos sobre China.

Ahí nuestros ojos se dirigen hacia la mesa en donde reposa el plato, y pensamos de qué madera está hecha, cómo era el árbol del cual se la sacó, quién la cortó, y dónde vivía el leñador con su familia.

Ver las cosas de esta manera enriquece la imaginación, y nos abre las puertas de un mundo mucho más rico. Los niños deberían aprender a hacerlo.

7 DE SEPTIEMBRE DE 1920

Pienso en Cristo.

En el segundo o tercer siglo después de su muerte, nadie era suficientemente fuerte para comer el poderoso alimento que El nos dejó; en esa época, sólo se buscaba en los *Evangelios* las partes más simples, o las que mejor podían enseñarse a los hombres. Nadie, en esos tiempos, podía encarar directamente la gigantesca tarea que Cristo nos había legado.

La mayor enseñanza de Cristo es: *el Reino de los Cielos está dentro de nosotros.* ¿Se puede considerar pobre a un hombre que tiene este Reino en su corazón?

Si nosotros dos fuéramos nada, seríamos dos nulidades juntas. ¿Y qué tendríamos? El vacío en el alma.

Si la humanidad entera comienza a pensar que no representa gran cosa, el mundo no avanzará nunca.

Pero el Reino de los Cielos está dentro de nosotros. Es necesario, entonces, calmarse, dejar que el centro de nuestra existencia se aquiete, y en ese momento descubrir que el amor existe.

10 DE SEPTIEMBRE DE 1920

Para vivir, es necesario coraje. Tanto la semilla intacta como la que rompe su cáscara tienen las mismas propiedades. Sin embargo, sólo la que rompe su cáscara es capaz de lanzarse a la aventura de la vida.

Esta aventura requiere una única osadía: descubrir que no se puede vivir a través de la experiencia de los otros, y estar dispuesto a entregarse. No se puede tener los ojos de uno, los oídos de otro, para saber de antemano lo que va a ocurrir; cada existencia es diferente de la otra.

No importa lo que me espera, yo deseo estar con el corazón abierto para recibir. Que yo no tenga miedo de poner mi brazo en el hombro de alguien, hasta que me lo corten. Que yo no tema hacer algo que nadie hizo antes, hasta que me hieran. Déjenme ser tonto hoy, porque la tontería es todo lo que tengo para dar esta mañana; me pueden reprender por eso, pero no tiene importancia. Mañana, quién sabe, yo seré menos tonto.

Cuando dos personas se encuentran, deben ser como dos lirios acuáticos que se abren lado a lado, cada una mostrando su corazón dorado, y reflejando el lago, las nubes y los cielos. No logro entender por qué un encuentro genera siempre lo contrario de esto: corazones cerrados y temor a los sufrimientos.

Cada vez que estamos juntos, conversamos durante cuatro, seis horas seguidas. Si pretendemos pasar juntos todo este tiempo, es importante no tratar de esconder nada, y mantener los pétalos bien abiertos.

14 DE SEPTIEMBRE DE 1920

La energía divina creó todo lo que existe, y colocó un grito de vida en cada cosa. No deberías ignorar ese grito, si tu deseo es encontrar a Dios; una forma de ayudar a esa búsqueda es participando de la vida.

La soledad es una característica del ser humano, pero el grito de la vida está ahí, en todas partes, para el que quiera escucharlo. Toda vez que alguien se acerca a mí y me pregunta si yo realmente creo en Dios, yo pienso que esa persona también precisa desesperadamente de un motivo para creer.

Es que no se puede demostrar la existencia de Dios, y yo nunca traté de convencer a nadie de eso. Existen muchos conceptos de Dios, ninguno de ellos sirve para nada.

No se puede ayudar a nadie a comprender lo invisible: es necesario que cada uno parta para su propia aventura.

20 DE SEPTIEMBRE DE 1920

Mi amada Mary, siento mucho que tu viaje a Egipto se haya postergado. Pero Egipto allí está hace ya seis mil años, y allí continuará.

Entonces, ¿por qué apresurarte? Lo que el polvo del tiempo dejó en aquel país es prácticamente inmutable.

*E*l 10 de octubre de 1920, Mary Haskell le escribe una larga carta a Kahlil Gibran, en la cual muestra una profunda tristeza. Dice que los padres de los alumnos de su escuela le pidieron que retirara los dibujos de Kahlil de las paredes del establecimiento. Alegan que los temas abordados son eróticos, aunque se refieran a la mitología y a pasajes de la Biblia.

"Lo que siento con las figuras desnudas es que las niñas deberían estar profundamente honradas de poder contemplarlas", dice ella en su carta, afirmando que, en su opinión, tal contemplación les haría entender que no hay nada perverso en la desnudez, y que el cuerpo es algo que fue hecho para que dentro de él nos sintamos a gusto.

Para Mary, no existe nada malo en despertar el deseo, ya que nadie se debe avergonzar de sentirse atraído por lo bello. Para ella, el mayor peligro es el pavor de los *padres, que puede terminar por corromper la inocencia de los niños.*

Y resuelve dejar las pinturas donde están.

11 DE OCTUBRE DE 1920

Mi adorada Mary, pienso que lo más inteligente que se puede hacer en este momento es sacar de ahí esas pinturas. Saber que mi trabajo te está causando problemas es para mí un motivo de dolor.

No podemos enseñarle a nadie la pureza de un cuerpo desnudo: eso es algo que las personas deben descubrir por sí mismas. No podemos guiar a los demás para que entiendan el verdadero significado de la vida; necesitan descubrir solos que algunas partes del árbol suben hacia el cielo, y otras se hunden en la tierra.

3 DE ENERO DE 1921

Mary, tal vez no te hagas una idea de cómo lograste ampliar mi comprensión del mundo. Siempre estás desafiándome, y obligándome a descubrir cosas nuevas.

El amor —como un riacho— debe estar en constante movimiento: es lo que siempre hiciste conmigo. ¿Pero qué ocurre con la mayoría de las parejas? Piensan que las aguas del río siempre correrán, y no se preocupan más. Entonces, llega el invierno, y esas aguas se congelan; en ese momento comprenden que nada en esta vida está totalmente garantizado.

8 DE FEBRERO DE 1921

Jesús tenía dos ideas centrales: el Reino de los Cielos y la justicia en la tierra. Los sacerdotes lo mataron a causa de esta segunda idea.

Jesús percibió el Reino de los Cielos en el corazón de los hombres —un mundo de belleza, de verdad, de intensidad— y se dispuso a morir por ello, pues creía que sólo su martirio nos haría entender la importancia de este Reino.

Jesús podría haberse salvado a sí mismo, con sólo demostrarles a los sacerdotes que El no pedía ningún poder terrenal para sí. Pero, rehusándose a morir, su sacrificio no sería total; Jesús sabía que las palabras y las enseñanzas solas no bastan.

Entonces decidió entregarse a la crucifixión, convencido de que la muerte grabaría para siempre sus enseñanzas en sus discípulos. Al mostrar su coraje, no huyendo de sus perseguidores, lograría mantenerlos unidos, fieles a lo que El vino a enseñarles.

Tengo plena certeza de lo que digo, así como estoy seguro de que Jesús debe haber aceptado la decisión de morir luego de una intensa lucha consigo mismo. El murió, y la idea del Reino de los Cielos nunca más se perdió en la oscuridad.

12 DE AGOSTO DE 1921

La existencia no sólo tiene un aspecto físico. Las personas más viejas pueden estar mucho más vivas que las jóvenes, porque ya experimentaron mucho más cosas.

El problema de la vejez es que, por miedo a la muerte que se aproxima, las personas empiezan a tener miedo de vivir. No entienden que el final de una etapa es lo que hace posible el próximo paso; la Naturaleza jamás da saltos. De la misma forma que no quiebra las ramas jóvenes, tampoco impide que un árbol, viejo y cansado, deje de existir.

Esto es lo que llamamos el "orden natural de las cosas". Muchas veces yo me imagino después de la muerte, retornando lentamente a los elementos del suelo; es la gran entrega, transforma todo en silencio y calma, para que las cosas puedan renacer. La edad prepara mi cuerpo para fertilizar de nuevo la tierra de donde vine.

El otoño del cuerpo conduce al invierno, y el invierno es necesario para que surja una nueva primavera. De la misma manera, mi espíritu se mueve de una etapa a la otra, sabiendo que cada estación tiene sus cualidades y sus defectos.

8 DE DICIEMBRE DE 1921

Mi adorada Mary, me gustaría poder imaginar una gran ciudad a oscuras. Nueva York sería tan impresionante y bella como las pirámides, si se la pudiera ver tan solo con el brillo de las estrellas y de la luna, nada más.

¡Qué gran diferencia entre la luz que viene de arriba y la que viene de abajo!

12/14 DE ENERO DE 1922

El casamiento es la mejor manera de dar, y dar aún más. Aun así, no podemos olvidar nunca que los seres humanos estarán siempre separados.

El período anterior al casamiento es esa época maravillosa en la cual nos acercamos a nuestra amada: conversamos, aprendemos qué es lo que la hace feliz, y descubrimos cómo hacer para que esa felicidad nunca se aleje.

No podemos dejar que el contacto opresivo de mañana, mediodía, tarde y noche termine con ese encanto. Para que sobreviva el romanticismo inicial, es necesario que cada persona se reserve una parte de su tiempo sólo para sí misma. Ninguno de nosotros es suficientemente sabio para tomar una decisión que interfiera en la vida del otro.

Basta solamente cumplir con una ley —la honestidad— y todo será exactamente como soñamos.

14 DE ENERO DE 1922

Es importante que trates de encontrar lo mejor que hay en una persona, y decírselo. Todos precisamos este tipo de estímulo; cada vez que elogian mi trabajo, yo me vuelvo más humilde, porque no me siento ignorado o no deseado.

Todo el mundo posee algo que merece ser elogiado. Los elogios significan *comprensión*. Intimamente, somos excelentes seres humanos, y nadie es mejor que los demás; es bueno que aprendas a ver la grandeza de tu prójimo, ya que también verás tu propia grandeza.

14 DE ABRIL DE 1922

Siempre que dos amantes se encuentran, en realidad son cuatro voces que conversan. Los dos seres visibles tienen una relación muy diferente de los seres invisibles.

Ellos pueden discutir violentamente en el plano físico, pero sus almas están en paz, y quieren aproximarse más una a la otra.

25/28 DE ABRIL DE 1922

La ceguera de Mini es la cosa más normal y natural para él. No sólo recibe más afecto que las personas llamadas "normales", sino que también es capaz de expresar, con mucha más libertad, lo que siente en su corazón. Lo que te parece una maldición, para él es un milagro.

El siempre interpretará el mundo de acuerdo con su Reino personal. No creas que un inválido es alguien que no vale nada.

Las personas que están en un mundo diferente al nuestro pueden ser los mejores obreros en la construcción de este planeta, porque sus ojos ven cosas que nosotros somos incapaces de ver. Sus mentes interpretan el Universo de manera distinta, y lo rediseñan a su modo.

Nosotros no somos quienes generamos la luz, sino tan solo los rayos de ese Gran Brillo.

9 DE MAYO DE 1922

El Dr. Smith dice que no tengo nada malo, a pesar de las constantes palpitaciones. Sólo debo cuidar mejor mi corazón, al que he mantenido bajo continua tensión durante casi veinte años. Me dijo: "Trabaje, haga lo que tenga ganas de hacer, escriba lo que le venga a la cabeza, pero no trate de terminar todo al mismo tiempo. Dedíquele solamente cuatro horas por día a eso".

Sin embargo, mi dolor no es físico. Hay algo en mí —como te dije antes— que no logra salir de ninguna manera. Todo lo que hago me parece falso, comparado con lo que podría hacer. Es como si hiciera años que esperara un hijo, y ahora ese niño no pudiera nacer; estoy siempre en un constante trabajo de parto, y aun así no surge nada.

Si esto que necesito revelar al mundo no aparece antes de mi muerte, volveré a renacer, y renaceré tantas veces como sean necesarias hasta que logre expresarlo.

Sé que siempre me has dicho cosas maravillosas, Mary. Pero cada vez que las escucho, me siento herido, porque sé que estás hablando de lo que hice, y sólo yo conozco aquello que soy capaz de hacer.

19 DE MAYO DE 1922

Los poetas tienen que escuchar el ritmo del mar. Ese ritmo está presente en todos los escritos del *Viejo Testamento*, y cuando uno lo oye, surge algo más allá de los sonidos. Entonces, uno vuelve a escuchar, y de nuevo nace otra interpretación, un poco diferente de la anterior.

Así son las olas. Uno ve cómo una ola viene con toda su fuerza y se quiebra en la arena, llevándose densas espumas con ella. En ese momento, un pequeño oleaje retorna al océano, con un ruido menor, una especie de barullo secundario; viene una segunda ola que se encuentra con el pequeño oleaje. En ese instante hay una pausa. Pronto vendrá una nueva ola, y el flujo y el reflujo continuará para siempre.

Esta es la música que debemos aprender: las cosas van y vienen siempre.

30 DE MAYO DE 1922

Estoy pensando en incluir en *El Profeta* un texto sobre el acto de recibir. Todo el mundo tiene ganas de dar algo, y generalmente nadie acepta. Yo puedo tener una casa, e invitar a personas para que la visiten: éstas vendrán, comerán lo que yo les ofrezca, aceptarán mis opiniones, pero jamás lograrán recibir el Amor que generó la invitación.

El amor es lo que más deseamos tener, y más deseamos dar. Y nadie percibe que en todo momento lo estamos ofreciendo y lo estamos rechazando.

6/16/17 DE JUNIO DE 1922

Es tan grande tu generosidad, Mary *(en las cartas más recientes, ella muestra constante preocupación por el precario estado de salud de Kahlil)*. Pero hay dos cosas que nunca se deben olvidar: paciencia —o sea, dejar que las cosas sigan su rumbo— y fidelidad a lo que se quiere.

Las personas gustan unas de las otras porque se parecen, o porque son completamente diferentes. Para los pueblos primitivos, la muerte no significaba nada; solían reverenciar a sus ancestros, y llevaban comida hasta el lugar en donde estaban enterrados. Veían todo de una manera simple y directa, sabiendo que cada cosa en este mundo se transforma en algo diferente, pero nunca deja de existir. Un cuerpo se pudre, y después se transforma en un árbol. Ni los pueblos primitivos, ni los hombres más iluminados creen en la muerte.

Dios me dio mucho en esta vida, a través de tu persona. ¡Qué bueno que debe ser saber que estás actuando como si fueras las manos de Dios! Yo conozco esa mano, soy capaz de tocarla y de recibir todo lo que me ofrece. Me gusta ser un pequeño caracol en la margen de un gran río.

Que Dios te bendiga, mi amada Mary. Y que Tus ángeles te acompañen siempre, tanto en la tierra como en el mar.

11 DE SEPTIEMBRE DE 1922

Cada amor es siempre el más grande amor del mundo, y el más importante. El Amor no es como una torta, que podemos dividir en pedazos mayores o menores; es uno solo. Y todo es amor.

Es cierto que se le puede decir a una persona: "El es lo que yo más quiero en este mundo". Pero todos los que aman se sienten con derecho a decir esto, con toda razón.

Por eso, puedo afirmar sin miedo: nuestra relación es lo más bello que ocurrió en mi vida.

30 DE SEPTIEMBRE A 7 DE OCTUBRE DE 1922

La diferencia entre un profeta y un poeta es que el primero vive aquello que enseña.

El poeta no lo hace; puede escribir versos magníficos sobre el amor, y aun así, continuar sin ser amado. Cuando una persona acepta no ser amada termina transformándose en alguien imposible de amar.

El arte es el intento de expresar lo que ama la humanidad. En todas las épocas, nosotros amamos la belleza. No todo lo que es bello es bueno, pero toda bondad es bella.

7 DE OCTUBRE DE 1922

Me siento un poco tu madre y tu padre, y creo este sentimiento es recíproco. Nos hemos transformado en una sola persona, Mary. Entraste en mi alma, y si yo quisiera cortarte, estaría destruyéndome a mí mismo.

Esta relación no nos pertenece más. Ya no logro imaginarme creando algo si no estás presente; un amor tiene que ser suficientemente fuerte como para poder experimentar esto, si bien creo que el período en el que sufrí por nuestra relación me enseñó a asimilar mejor esa idea.

También pienso que, sin ese período de sufrimiento, nada sería tan intenso y bello como lo es ahora.

26 Y 28 DE DICIEMBRE DE 1922

En toda mi vida, sólo conocí una mujer con la cual puedo sentirme intelectual y espiritualmente libre, y con quien logro ser yo mismo: mi amada Mary.

El momento más divino del ser humano es cuando éste es capaz de deslumbrarse con la vida: con la totalidad de la existencia, en su forma íntegra y pura. En los momentos de gran pasión amorosa muchos hombres llegan a tener esa visión.

En tu persona encontré todo lo que buscaba: un espíritu que hizo que mi alma levantara vuelo, que me mostró una nueva luz sobre las cosas del pasado, que ofreció su regazo para que mi cabeza pudiera descansar. Estás más próxima ahora que antes, y siento que Dios se manifiesta en todo lo que nos une.

26/27 DE MAYO DE 1923

El casamiento no da el derecho de que uno esclavice al otro, salvo en aquellas áreas en las que ese otro permite que lo subyuguen. Tampoco da otra libertad más que la que éste decidió permitir. Sólo podemos recibir aquello que damos.

Para las personas inteligentes, la base del casamiento es una genuina amistad, en la cual se lucha por los propios sueños, y por los sueños de la persona a quien se ama. Sin estos sueños, la relación matrimonial se transforma en una serie de almuerzos y cenas en la cocina de la casa.

No existen dos almas iguales. En la amistad y en el amor, los dos levantan las manos juntos, para agarrar una cosa que no podrían alcanzar si estuvieran separados.

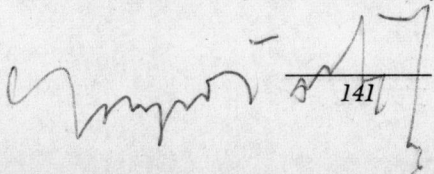

La vieja frase de la ceremonia matrimonial —"Recibe a fulano de tal, en la salud y en la enfermedad", etc...— es totalmente absurda. ¿Cómo alguien puede *recibir* a otro? Uno de los dos dejaría de existir, o mejor aún, los dos juntos perderían su propia identidad.

23 DE JUNIO DE 1923

E l dolor puede ser creativo.

Seamos bien directos, y analicemos nuestro caso: por tu causa sufrí mucho, y también te ocurrió lo mismo. Pero fue gracias a esto que descubrimos cosas —dentro de nosotros— que ni siquiera sabíamos de su existencia.

Algunas personas alcanzan lo mejor de la vida usando la alegría. Otras usan el sufrimiento. Pero la mayoría de los seres humanos no se permiten ni una cosa ni la otra: entonces no alcanzan nada, y tan solo pasan por esta vida.

El 2 de octubre de 1923, Mary Haskell recibe el primer ejemplar de El Profeta. *Aunque ya había analizado, durante su larga correspondencia, varios trabajos de Kahlil Gibran, su análisis había sido siempre cariñoso pero contenido.*

Esta vez, sin embargo, ella se expresa de manera profética; lo bendice por tener la energía y la paciencia del fuego, del aire, del agua y de la roca.

Mary afirma tener la certeza de que este libro pasará de generación en generación. Cuando el alma esté oscura, las personas lo abrirán para reencontrarse con el Cielo y la Tierra dentro de ellas mismas. Dice que un árbol puede morir alcanzado por un rayo, o al caer en un bosque; en el caso de El Profeta, *no obstante, ese rayo trajo la vida, y se multiplicará al calor de aquellos que amarán a Kahlil porque él lo escribió, aun después de que su cuerpo se haya transformado en polvo.*

23 DE NOVIEMBRE DE 1923

Nunca podría haber escrito *El Profeta* sin haberte conocido.

Hay tres cosas maravillosas que me dio la vida: mi madre, que me dejó partir; mi amada Mary, que tuviste fe en mí y en mi trabajo; y mi padre, que despertó al guerrero que habitaba en mi alma.

De 1923 en adelante, Mary Haskell pasa a vivir en Savannah, Georgia, en la casa de Florence Mini. Kahlil continúa entre Nueva York y Boston, trabajando en varios proyectos al mismo tiempo, como la continuación de El Profeta, y dibujos para exponer. El se queja de que, a causa del éxito que alcanzó el libro, ya casi no tiene más tiempo para dedicarse a la pintura.

La relación de Mary con Florence Mini va quedando clara en las cartas que ella le escribe a Kahlil Gibran. Después de resistirse durante algún tiempo, Mary finalmente se casa con Mini. A partir de ese momento, casi no viaja más a Nueva York, y la correspondencia entre los dos se vuelve más espaciada.

Gibran conoce a Barbara Young, y pasan a mantener una relación constante. Young años más tarde es-

cribirá El hombre del Líbano, *una interesante biografía del escritor.*

La salud de Gibran, que ya no era buena, comienza a deteriorarse.

22 DE ABRIL DE 1924

M i amada Mary:

Espero, de todo corazón, que estés muy bien.

En cuanto a mí, todo está como debe ser. Trabajo un poco todos los días, haciendo algún dibujo o escribiendo algo en árabe. Pero la mayor parte del tiempo la paso yendo de un lado al otro en este estudio, soñando y pensando en lugares distantes, ideas todavía cubiertas por una niebla que no logro entender.

A veces siento que ya no tengo más forma. Parece que soy una nube, lista para transformarse en lluvia o nieve.

Ya ves, Mary, empiezo a vivir muy separado del suelo. En el pasado, sólo era una raíz, y ahora —que estoy libre— ya no sé qué hacer con tanto aire, luz y espacio. Ya escuché historias de personas que pasaron tanto tiempo presas que lo primero que hacen al salir de la cárcel es cometer un crimen, porque se desacostumbraron a vivir en libertad.

Espero no tener que volver a la cárcel, Mary, porque Dios es una bendición. Que El inunde Tu generoso corazón con Su sagrada luz.

A pesar de estar distantes, antes de dormir siempre tomo el meteorito que me diste, y toco su superficie; eso me da conciencia de las inmensas distancias y los millones de años.

12 DE ABRIL DE 1931

WESTERN UNION

TELEGRAMA

PARA: MARY HASKELL
1931 ABRIL 12 11:28 AM

KAHLIL FALLECIO EL VIERNES A LA NOCHE. VAMOS A LLEVARLO A BOSTON EL LUNES. ESCRIBA AL 281 FOREST HILLS ST.

MARY GIBRAN

Mi adorada Mary:

Que seas bendecida para siempre, por todo lo bueno que me has dado. Toda vez que conversamos, siento un hermoso dolor en mi corazón.

Siempre estás señalándome la cumbre de una montaña, y diciéndome: "¿Cuándo Kahlil llegará allí?". Al decirme esto cada vez, yo escucho por detrás de tus palabras otra voz que dice: "Me gustaría que Kahlil llegara allí mañana".

Es bueno saber que la montaña posee una cumbre. Mejor aún es tener certeza de que nuestra amada nos desea ver allí mañana.

Mi vida es nada más que un conjunto de notas musicales que tu corazón transforma en melodía. Que seamos siempre capaces de vivir todo lo sagrado en cada instante.

Con todo el amor de

KAHLIL

Bella esperienza
Asunción, Paraguay
Enero 2/7/01